A Caminho da Escola

Rosemary McCarney com Plan International

Provavelmente você gosta de ir à escola.

Mesmo que tenha um dia difícil de vez em quando, você não sentiria falta de ir até lá?

Você sabe que muitas crianças ao redor do mundo adorariam ir à escola mas não podem?

Algumas são muito pobres e precisam trabalhar para ajudar suas famílias.

Filipinas

Algumas vezes, calamidades como terremotos, tsunamis

e tufões destroem escolas.

No entanto, sempre que possível, as crianças tentam ir para a escola.

Talvez, como você, elas caminhem, ou peguem uma bicicleta, ou tomem um ônibus.

Para muitas crianças, porém, o caminho para a escola não é tão fácil assim.

Ele pode ser longo, difícil e até assustador.

Estados Unidos

E se houvesse um rio no meio do caminho?
Você o atravessaria corajosamente a pé...

...remando...

...em um bote inflável...

...ou por meio de uma tirolesa?

Algumas vezes, o único caminho para a escola é ao redor de uma montanha...

...ou sobre um alto penhasco!

China

China

China

China

Em muitos lugares, animais transportam as crianças para a escola.
Um burro é perfeito se o caminho for íngreme e rochoso.

Um boi pode puxar uma carroça cheia de alunos.

Um búfalo indiano não tem pressa.

Um trenó puxado por cães é útil quando você está com pressa e não existe estrada!

Canadá

Gana

Você levaria a própria carteira para a escola?
Se não houvesse onde se sentar, é possível que você fizesse isso.

Quando as chuvas chegam e as águas sobem,
uma ponte improvisada pode levá-lo até a escola.

Esta ponte já foi alta, mas agora desmoronou e é muito perigosa.
Estas crianças usam-na na ida para a escola e na volta, todos os dias.

Algumas vezes, um simples arame se transforma em uma ponte...

...e, às vezes, algumas estacas de bambu fazem as vezes de ponte.

Quer o seu caminho para a escola
seja longo e solitário,

Tanzânia

quer seja curto e agradável,

largo e molhado,

Laos

estreito e seco,

frio, escorregadio e alto...

...o que importa é que você chegue lá.
A viagem sempre vale a pena.

Dados Internacionais de Catalogação na Publicação (CIP)
(Câmara Brasileira do Livro, SP, Brasil)

McCarney, Rosemary
A caminho da escola / Rosemary McCarney com Plan International – São Paulo: Editora Melhoramentos, 2015 – (Aventuras da história)

Título original: The way to school.
ISBN 978-85-06-07976-8

1. Direito à educação 2. Escolas 3. Literatura infantojuvenil I. Plan International. II. Série.

15-11217   CDD-028.5

Índices para catálogo sistemático:
1. Literatura infantil 028.5
2. Literatura infantojuvenil 028.5

Obra conforme o Acordo Ortográfico da Língua Portuguesa

© 2015 Plan International Canada Inc.
Publicado originalmente por Second Story Press. Toronto, Ontário, Canadá.

Título original: *The Way to School*
Tradução: Rosamaria Gaspar Affonso
Diagramação: Amarelinha Design Gráfico

Direitos de publicação:
© 2016 Editora Melhoramentos Ltda.
Todos os direitos reservados.

1ª edição, 2ª impressão, setembro de 2018
ISBN: 978-85-06-07976-8

Atendimento ao consumidor:
Caixa Postal 729
CEP: 01031-970
São Paulo – SP – Brasil
Tel.: (11) 3874-0880
www.editoramelhoramentos.com.br
sac@melhoramentos.com.br

Impresso no Brasil

Agradecimentos

Agradeço imensamente aos fotógrafos da Plan que forneceram as lindas imagens do trabalho que fizemos e a outros fotojornalistas cujas fotos contam a história de crianças que anseiam frequentar a escola, não se importando com as dificuldades que precisam enfrentar para chegar até ela. Meus agradecimentos especiais a Jen Albaugh por ajudar-me a selecionar as fotos que melhor captavam a energia e determinação das crianças e das escolas de todos os lugares do mundo. É preciso muitas ideias e pessoas apaixonadas pelo que fazem para produzir um livro tão interessante e envolvente como *A Caminho da Escola*: o escritor, os fotógrafos, editores talentosos e uma editora entusiasta como a Second Press Story.

Rosemary McCarney

Crédito das fotos

Capa: Saikat Mojumder/Plan (back) Mark Foster, Asti Alanna De Guzman, Mikko Toivonen/Plan
Página 3: Mardy Halcon/Plan
Página 4: Richard Jones/Sinopix
Página 5: Jane Rivera/Plan
Página 7: © iStock/Purdue9394
Página 8: Asti Alanna De Guzman
Página 9: Mark Foster
Página 10: Iggoy el Fitra
Página 11: (topo a esquerda) David Sowerwine/Village Tech Solutions, (topo a direita) Tyler Miller/Village Tech Solutions, (abaixo) Fanny Gauret/Learning World Euronews
Página 12: HAP/Quirky China News/REX
Página 13: HAP/Quirky China News/REX
Página 14: (esquerda) HAP/Quirky China News/REX, (direita) HAP/Quirky China News/REX
Página 15: HAP/Quirky China News/REX
Página 16: MM/Color China Photo/Sipa Press
Página 17: Wen Leonardo/Sipa Press
Página 18: Andrey
Página 19: DEDDEDA
Página 20: Nyani Quarmyne/Plan
Página 21: Mikko Toivonen/Plan
Página 22: Quirky China News/REX
Página 23: Iggoy el Fitra
Página 24: Asti Alanna De Guzman
Página 25: Iggoy el Fitra
Página 26: James Stone/Plan
Página 27: Rose-Carmille Jeudy/Plan
Página 28: Asti Alanna De Guzman
Página 29: Jim Holmes/Plan
Página 30: Timothy Allen
Página 31: Ben Depp/Plan